海上絲綢之路基本文獻叢書

粵閩巡視紀略·粵略（一）

[清]杜臻 撰

文物出版社

圖書在版編目（CIP）數據

粤閩巡視紀略．粤略．一 /（清）杜臻撰．-- 北京：文物出版社，2022.7
（海上絲綢之路基本文獻叢書）
ISBN 978-7-5010-7665-9

Ⅰ．①粤… Ⅱ．①杜… Ⅲ．①海疆－歷史－廣東－清代 Ⅳ．①K928.19

中國版本圖書館 CIP 數據核字（2022）第 087179 號

海上絲綢之路基本文獻叢書
粤閩巡視紀略·粤略（一）

撰　　者：〔清〕杜臻
策　　劃：盛世博閱（北京）文化有限責任公司

封面設計：鞏榮彪
責任編輯：劉永海
責任印製：蘇　林

出版發行：文物出版社
社　　址：北京市東城區東直門内北小街 2 號樓
郵　　編：100007
網　　址：http://www.wenwu.com
經　　銷：新華書店
印　　刷：北京旺都印務有限公司
開　　本：787mm×1092mm　1/16
印　　張：10.875
版　　次：2022 年 7 月第 1 版
印　　次：2022 年 7 月第 1 次印刷
書　　號：ISBN 978-7-5010-7665-9
定　　價：90.00 圓

總緒

海上絲綢之路，一般意義上是指從秦漢至鴉片戰争前中國與世界進行政治、經濟、文化交流的海上通道，主要分爲經由黄海、東海的海路最終抵達日本列島及朝鮮半島的東海航綫和以徐聞、合浦、廣州、泉州爲起點通往東南亞及印度洋地區的南海航綫。

在中國古代文獻中，最早、最詳細記載『海上絲綢之路』航綫的是東漢班固的《漢書·地理志》，詳細記載了西漢黄門譯長率領應募者入海『齎黄金雜繒而往』之事，書中所出現的地理記載與東南亞地區相關，并與實際的地理狀况基本相符。

東漢後，中國進入魏晋南北朝長達三百多年的分裂割據時期，絲路上的交往也走向低谷。這一時期的絲路交往，以法顯的西行最爲著名。法顯作爲從陸路西行到印度，再由海路回國的第一人，根據親身經歷所寫的《佛國記》（又稱《法顯傳》）一書，詳細介紹了古代中亞和印度、巴基斯坦、斯里蘭卡等地的歷史及風土人情，是瞭解和研究海陸絲綢之路的珍貴歷史資料。

隨着隋唐的統一，中國經濟重心的南移，中國與西方交通以海路爲主，海上絲綢之路進入大發展時期。廣州成爲唐朝最大的海外貿易中心，朝廷設立市舶司，專門管理海外貿易。唐代著名的地理學家賈耽（七三〇～八〇五年）的《皇華四達記》記載了從廣州通往阿拉伯地區的海上交通『廣州通夷道』，詳述了從廣州港出發，經越南、馬來半島、蘇門答臘半島至印度、錫蘭，直至波斯灣沿岸各國的航綫及沿途地區的方位、名稱、島礁、山川、民俗等。譯經大師義净西行求法，將沿途見聞寫成著作《大唐西域求法高僧傳》，詳細記載了海上絲綢之路的發展變化，是我們瞭解絲綢之路不可多得的第一手資料。

宋代的造船技術和航海技術顯著提高，指南針廣泛應用於航海，中國商船的遠航能力大大提升。北宋徐兢的《宣和奉使高麗圖經》詳細記述了船舶製造、海洋地理和往來航綫，是研究宋代海外交通史、中朝友好關係史、中朝經濟文化交流史的重要文獻。南宋趙汝適《諸蕃志》記載，南海有五十三個國家和地區與南宋通商貿易，形成了通往日本、高麗、東南亞、印度、波斯、阿拉伯等地的『海上絲綢之路』。宋代爲了加强商貿往來，於北宋神宗元豐三年（一〇八〇年）頒佈了中國歷史上第一部海洋貿易管理條例《廣州市舶條法》，并稱爲宋代貿易管理的制度範本。

元朝在經濟上採用重商主義政策，鼓勵海外貿易，中國與歐洲的聯繫與交往非常頻繁，其中馬可•波羅、伊本•白圖泰等歐洲旅行家來到中國，留下了大量的旅行記，記録元代海上絲綢之路的盛况。元代的汪大淵兩次出海，撰寫出《島夷志略》一書，記録了二百多個國名和地名，其中不少首次見於中國著録，涉及的地理範圍東至菲律賓群島，西至非洲。這些都反映了元朝時中西經濟文化交流的豐富内容。

明、清政府先後多次實施海禁政策，海上絲綢之路的貿易逐漸衰落。但是從明永樂三年至明宣德八年的二十八年裏，鄭和率船隊七下西洋，先後到達的國家多達三十多個，在進行經貿交流的同時，也極大地促進了中外文化的交流，這些都詳見於《西洋蕃國志》《星槎勝覽》《瀛涯勝覽》等典籍中。

關於海上絲綢之路的文獻記述，除上述官員、學者、求法或傳教高僧以及旅行者的著作外，自《漢書》之後，歷代正史大都列有《地理志》《四夷傳》《西域傳》《外國傳》《蠻夷傳》《屬國傳》等篇章，加上唐宋以來衆多的典制類文獻、地方史志文獻，集中反映了歷代王朝對於周邊部族、政權以及西方世界的認識，都是關於海上絲綢之路的原始史料性文獻。

海上絲綢之路概念的形成，經歷了一個演變的過程。十九世紀七十年代德國地理學家費迪南·馮·李希霍芬（Ferdinad Von Richthofen，一八三三～一九〇五），在其《中國：親身旅行和研究成果》第三卷中首次把輸出中國絲綢的東西陸路稱爲『絲綢之路』。有『歐洲漢學泰斗』之稱的法國漢學家沙畹（Édouard Chavannes，一八六五～一九一八），在其一九〇三年著作的《西突厥史料》中提出『絲路有海陸兩道』，蘊涵了海上絲綢之路最初提法。迄今發現最早正式提出『海上絲綢之路』一詞的是日本考古學家三杉隆敏，他在一九六七年出版《中國瓷器之旅：探索海上的絲綢之路》中首次使用『海上絲綢之路』一詞；一九七九年三杉隆敏又出版了《海上絲綢之路》一書，其立意和出發點局限在東西方之間的陶瓷貿易與交流史。

二十世紀八十年代以來，在海外交通史研究中，『海上絲綢之路』一詞逐漸成爲中外學術界廣泛接受的概念。根據姚楠等人研究，饒宗頤先生是華人中最早提出『海上絲綢之路』的人，他的《海道之絲路與昆侖舶》正式提出『海上絲路』的稱謂。選堂先生評價海上絲綢之路是外交、貿易和文化交流作用的通道。此後，大陸學者馮蔚然在一九七八年編寫的《航運史話》中，使用『海上絲綢之路』一詞，這是迄今學界查到的中國大陸最早使用『海上絲綢之路』的人，更多地限於航海活動領域的考察。一九八〇年北京大學陳炎教授提出『海上絲綢之路』研究，并於一九八一年發表《略論海上絲綢之路》一文。他對海上絲綢之路的理解超越以往，且帶有濃厚的愛國主義思想。陳炎教授之後，從事研究海上絲綢之路的學者越來越多，尤其沿海港口城市向聯合國申請海上絲綢之路非物質文化遺産活動，將海上絲綢之路研究推向新高潮。另外，國家把建設『絲綢之路經濟帶』和『二十一世紀海上絲綢之路』作爲對外發展方針，將這一學術課題提升爲國家願景的高度，使海上絲綢之路形成超越學術進入政經層面的熱潮。

與海上絲綢之路學的萬千氣象相對應，海上絲綢之路文獻的整理工作仍顯滯後，遠遠跟不上突飛猛進的研究進展。二〇一八年厦門大學、中山大學等單位聯合發起『海上絲綢之路文獻集成』專案，尚在醞釀當中。我們不揣淺陋，深入調查，廣泛搜集，將有關海上絲綢之路的原始史料文獻和研究文獻，分爲風俗物産、雜史筆記、海防海事、典章檔案等六個類別，彙編成《海上絲綢之路歷史文化叢書》，於二〇二〇年影印出版。此輯面市以來，深受各大圖書館及相關研究者好評。爲讓更多的讀者親近古籍文獻，我們遴選出前編中的菁華，彙編成《海上絲綢之路基本文獻叢書》，以單行本影印出版，以饗讀者，以期爲讀者展現出一幅幅中外經濟文化交流的精美畫卷，爲海上絲綢之路的研究提供歷史借鑒，爲『二十一世紀海上絲綢之路』倡議構想的實踐做好歷史的詮釋和注脚，從而達到『以史爲鑒』『古爲今用』的目的。

凡例

一、本編注重史料的珍稀性，從《海上絲綢之路歷史文化叢書》中遴選出菁華，擬出版百册單行本。

二、本編所選之文獻，其編纂的年代下限至一九四九年。

三、本編排序無嚴格定式，所選之文獻篇幅以二百餘頁爲宜，以便讀者閱讀使用。

四、本編所選文獻，每種前皆注明版本、著者。

五、本編文獻皆爲影印，原始文本掃描之後經過修復處理，仍存原式，少數文獻由於原始底本欠佳，略有模糊之處，不影響閱讀使用。

六、本編原始底本非一時一地之出版物，原書裝幀、開本多有不同，本書彙編之後，統一爲十六開右翻本。

目録

粤閩巡視紀略·粤略（一）

序至粤卷（上）　〔清〕杜臻 撰
清康熙經緯堂刻本……………………………………一

粵閩巡視紀略·粵略（一）

粵閩巡視紀略·粵略（一）

序至粵卷（上）

〔清〕杜臻 撰

清康熙經緯堂刻本

序

濟南田雯譔

昔唐虞之朝四岳佐之分
命帝臣周游八極內别五
方之山外分八方之海紀

其舟車人跡之罕至撰水
土草木禽獸昆蟲之所生
及海外絕域殊類之人方
名詭物之所書伯益作山
海經洵奇觀矣下此唐蒙

莊蹻之屬尚載舊聞長卿
陸賈之儔猶稱前史先生
粵閩之使烏可以無紀
今天下之大幅員數萬里東
南直跨彭湖西北已踰翰

序二

海舞干羽於兩階奏簫韶
於九戉可云極盛雖然論
緣海之境西北爲遠東南
爲近給沿海之地江浙爲
緩粵閩爲急何以言之答

趙王佗之攻粤秦稱一尉路博德之麾兵漢建七郡二守增於元封兩州刺自黄武合浦珠犀銅桂丹徼𠙶粤海郡縣之制也若七

閩之郡古會稽治縣之半耳以其時地虛山谷人徙江淮自侯官都尉漢分兩郡泉汀福建唐列四州此閩海郡縣之制也當其始

沿邊列郡遞經遷徙金厦
兩門游艅不絕沃洲之民
疲于奔命矣迨後三方削
平鎮戍興復抱圖歸丞相
之府衛壁繫中軍之營簪

兇武有云征伐非必遠戰
掠地在平定安集之耳今
聖天子廟算於上以賢大臣
如先生巡視其地於以綏
靖邊疆厥功偉矣當世之

時爲茲役者有三難焉有
五利焉閩嶠崎嶇嶺表煙
漲深林密箐窮谷易入飛
艎舳艫海洋爲藪不放之
歸田則羈縻無方枳棘良

田虺蛇室內與一難也豪強之民勢將侵冒返璧無踪還珠奚術與一難也以勢論之閩急於粵臺灣一郡附閩不附粵也招徠勸

墾二事竝集先其所緩後其所急此一難也若夫察瀕海之地以還民寇無藉焉其利一也邊烽不警緣海列營民狎其野穡人成

功其利二也山澤弛禁魚
鹽是業貴貨易土土可買
焉其利三也漳浦粵門遥
通市舶使西賣浮玉南琛
没羽其利四也鑒於唐虞

而命山川别水土任土作
貢類族辨物俾厥田上上
厥賦上中其利五也以兹
五利易彼三難此一役也
乃可以濟稓六詔遺蒙劄

哀牢之故窟羅施鬼國走
婦人于深宮滇黔之設有
自來矣若天吳之域洪波
巨浸海童之區潮風來往
郡縣所列古未曾有先生

之功則于疆于理至於南海摛詞則本爾雅水經注諸書紀事則可作島夷職方之志豈止夫蝦鬚九尺海人三寸水壖獲長臂之

衣殊方有懸乳之頸哉沓
元帝之罷珠崖宋皇之畫
玉斧漢武嘗偏棄造陽勝
國亦終遺交趾今之邊陲
邁古遠矣是以封之金繩

裝之酸棗固亦虞書之別
錄禹貢之外編先生前代
牧之十六衛罷言何足儔
矣

序

國家遷海之舉未雨綢繆
絕逋逃之姦禁闌出闌入
之狡啓蓋深鑒夫孫恩盧
循之亂以及嘉靖中王直

諸人之引寇防危慮患法至善也惟是海壖諸境綿亘幾數千里在朝廷賦額固不斷錙銖而自遷界之後從來沃壤竟爲甌脫民

亡舟鮫魚鹽耕穫之利失業者且數十萬家會
天子神靈威行絕域海寇遊魂皆匍匐蛾伏歸命京師于是鯨波鱷浪盡屬安

瀾

上乃重念海濱赤子亟思
還定而安集之爰遣重臣
往偕彼土大吏一切招徠
撫綏便宜從事而今大司

馬吾鄉杜公時以少宰晉
司空實受命涖粵閩之區
公以康熙二十二年臘月
自都啓行跋履迢遙踰越
險阻于役之勞不遑寧處

至明年五月而畢事歷時
僅五六晦朔而往返且六
七千里用以宣布
上意諮諏民隱藎公勤以
奉職廉以持躬勤則不濡

滯于事廉則無屬望于人由是以十萬之師爲一使之任孚於同官肅於僚屬不疾而速化馳若神夫豈偶然致之者哉今讀我公

巡視紀略一書知公所實
心從事者首在察地還民
蓋示
聖天子加惠元元之本指
以廣　皇仁也次則移屯

戍于界外不忘固圉也弛
魚鹽之禁利民也酌番舶
之通市兼柔遠也此公經
濟之大者也若夫防城之
地連交趾澎湖之道接中

山縣門種落來自暹西紅
毛部族鄰于呂宋公皆以
誠意格之淸操感之內寧
外戢遠至邇安使
聖朝漸被暨訖之化極於

無垠猗歟休哉至其爲書大而山川之經緯細而村井之臚列如瞭指掌如數家珍以及考据典章發皇忠義闡幽微顯捘軼補亡

在此書爲餘事而要皆可不朽于後世者也抑公是舉也安閩粵實以安東南東南財賦之區海水羣飛斗牛芒彗天下之所係孰

大於是後世讀是書者知
公之功豈專在閩粵耶時
康熙己卯仲夏
予告通奉大夫內閣學士
兼禮部侍郎加一級同里

受業徐嘉炎謹拜撰

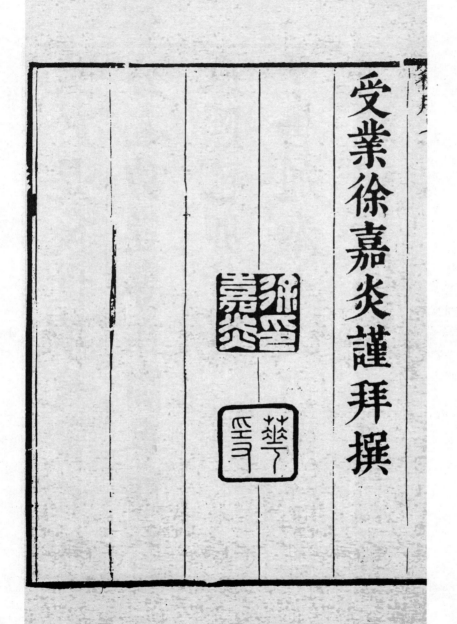

粤閩巡視紀略

經筵講官工部尚書臣杜臻述

皇帝既平三逆復命將討定海外威德所届與天同際爰念海壖之民遷移未復分遣廷臣馳往安集之臣臻與焉先是海寇鄭成功盤踞金門厦門諸島遊綜入犯飄忽靡定並海諸省咸罹其患而粤閩爲尤甚

皇上嗣服之歲廷臣建議以爲當令瀕海之民移居

內地民免鋒鏑之虞而寇無所掠勢將自困于是粵閩江浙諸鎮戍以次更置賊勢果絀降者接踵疆臣率衆討逐賊遂棄金門厦門迸竄遠島所謂臺灣者居亡何成功死子錦代領其衆勢益弱迨耿逆變叛始勾之入居漳泉

王師收閩寇衆仍遁疆臣再修海備盡掃游氛而海壖金厦復寘戍兵矣于是降者又多無以處之康熙十九年六月福督姚啓聖上疏言投誠之衆率

皆前日遷徙之民也若不給與俸餉無以安其身心欲給之則有限金錢不可爲繼若令歸農又多無農可歸勢必復去而爲盜以臣愚慮莫若將界外田地盡行給還方今海外要地已設提督總兵大臣重兵屯守是官兵在外而投誠在內夫復何慮且彼等樂得故土人人有安土重遷之思卽迫之爲盜亦不可得矣故臣以爲界外田土查有主還民之外應悉給投誠開墾疏上部議駁覆再三

奉
旨會議應俟設兵完畢之日請行
上可之啓聖又會同撫臣吳興祚提臣萬正色合詞
保題其言曰星羅棊布漸見海波不揚正臣等遵
旨請開邊界之日也一開界則上可以增國賦下可
以遂民生併可收魚鹽之利以餉新兵安插誠之
心亦無反側又可使臺灣之衆望風來歸疏上再
議得奉炤舊展界之

旨于是閩界稍稍開二十年　月科臣傅感丁奏曰
伏見福督臣姚啓聖請開邊界業奉
允行夫近寇之省莫若閩閩且得開他省遠寇者何
不可開乞
勑各督撫將界外田地招徠舊遷之民及情愿墾荒
者令其耕種三年之後起科部議下所司詳酌保
題久之皆鰓鰓過慮無敢直任者二十二年五月
將軍施烺進勦海寇克取澎湖島馳檄臺灣諭以

順逆之理時鄭錦已死其子克塽率衆來歸請納
土爲郡縣而粵東督撫將軍保題疏適至于是兵
部議請開界十月二十二日得
旨江南浙江福建廣東沿海田地應給民耕種其緊
要地方仍應作何防守等項事宜着差部院堂官
前往會同該督撫詳察確議具奏戶部列諸臣名
以上工部侍郎臣金世鑑副都御史臣呀思哈奉
命往江浙而臣琹及內閣學士臣石柱亦拜閩粵之

命是役也有當行之事四焉察瀕海之地以還民一
也緣邊寨營烽堠向移內地者宜仍徙于外二也
海壖之民以捕鮮煮鹽爲業宜幷弛其禁三也故
事直隸天津衛山東登州府江南雲臺山浙江寧
波府福建漳州府廣東嶴門各通市舶行賈外洋
以禁海暫阻應酌其可行與否四也 臣臻受命悚
惕即日俶裝戒行心竊自念
皇上如天至仁廹欲見海壖之民及時耕耨今疾馳

度嶺已將改歲待論定奏報得
旨而後行前農時已逾非所以奉宣
德意也幸偕行諸臣亦同此懷遂用綠頭牌啓奏請
于會勘之日將勘明地畝隨時責令有司招民佃
種其應設防守卽時分設俟一省事竣驛疏奏聞
上許之十一日戊寅陛辭臣臻臣杜跽請
訓命
皇上熟思久之曰開界地畝務求原土授之宜諭督

撫務俾得所臣等謹受命
皇上問勘視將先何省　臣臻　對曰將始廣東
皇上問何以不先福建　臣臻　對曰臣等先至廣東令
彼處百姓及時承墾庶不悞春耕之時
皇上曰獨不悞福建開墾耶　臣臻　對曰福建督撫方
安插投誠未暇協理開墾臣等以其間先竣粵事
次至閩省諸臣已暇可以會商且閩土節候北粵稍近
皇上頷之又

諭曰將軍施烺諳悉海島凡事必與共議臣等拜受
命
皇上又召致榻前諄諄誡諭曰汝二人朕所親簡當
善體朕意臣等又再拜受命而出
己卯啓行宿良鄉偕行者石學士 柱 主政殷 特正
郎張 建績 中翰 [redacted] 筆帖式賴 都
壬午至河間府
甲申至德州

己丑至兗州府

辛卯至利國驛蓋已入江南界矣計行十有二日

皆鷄鳴首途漏再下而止馬上口占有努力前驅

頻計日只因海畔蚕春耕之句

壬辰渡大河止徐州

丙申渡淮

丁酉晦過紅心驛行亂山中四十里

十二月戊戌朔發定遠

己亥至廬州府
辛丑過七里河止桐城蒼山萬叠松檜蕭森風景
大異北地
壬寅過岡嶺二十餘涉溪澗亦十餘止潛山
甲辰至黃梅始入湖廣境
乙巳由孔壠驛渡江止九江府
丙午過五石門止德安縣峻阪斗絕登頓殊艱方
卸次而雷雨作幸免霑塗之苦

丁未止德興宿徐中書宅

戊申至章江安撫軍世鼎陳總戎平張藩伯所志署臬查君培繼督學高君璜督糧鮑君畋率府屬共迎且具舟以待

己酉揚帆早發乍釋羈靮之勞而遇此差足快意

庚戌止樟樹

辛亥止峽江山水廻縈頗似浙東嚴陵瀨是夕微雪

壬子止吉安府

癸丑止鹽溪凡四日皆順風

乙卯至萬安將上灘覓灘夫以行是地水勢湍急必用健夫習水道者二人一持篙一捩舵宛轉石罅中方免傾欹撞擊之患是日幸假風力不覺其難行六十里止大王廟

丙辰亦行六十里上四灘止攸鎮

丁巳連上十灘虔郡諸君共迎于除灘廟張燈時

次贛州自萬安抵贛二百四十里名灘十八餘小灘不可勝數懸水斗瀉亂石鋒矗舟尺寸失便利即不可知然勢益險而境益奇行人方以洞心駭目爲快不暇震怖也城北即章貢合流處章自粵來貢自閩來交會于此郡名所自得也

戊午易茅蓬船止新塘

己未止南康山光秀潤村壠時有菜花如江南二月時

庚申早發兩岸峭壁千仞江流百折將至南安距城五里許已二鼓矣有虎自山巔下直搏挽船卒挽船卒惶遽疾呼舟中人羣起和之僅乃獲免少頃張正郎至言虎又挈其儕偶狙伺山麓冀攫後曹挽卒舟人覺之連發四鳥鎗乃去

辛酉舍舟度嶺過所謂南越雄關者夾道皆短垣蓋少宗伯楊公爾茂祭告時所築也蒼松列嶂間以平疇約九十里村民以竹籠盛大蝴蝶兩翅廣

可尺餘五色絢爛腹垂繡囊遺子大如梟卵或言
此蝶產于羅浮麻姑仙去時蛻裙所化云薄暮抵
南雄登舟年友朱君介至二簋飲舟中宵分而別
癸亥泊蘇渡江
甲子過韶州府泊白兎
乙丑掛帆行三百里過英德泊江岸廉石諸峯玲
瓏錯峙奇秀壁立
丙寅除夕抵迎恩亭泊舟分歲

二十三年正月丁卯元旦即迎恩率諸臣行慶賀
禮泊三水周儀部燦至自安南見于舟中
戊辰吳總制興祚李撫軍士楨郎藩伯廷樞胡臬
憲戴仁督糧蔣君伊提舉汪君兆璋率諸屬先後
至先行請　安禮乃敢具賓主會議諸務是日出
示招民先是　陛辭之日即已移咨兩省督撫述
皇上急欲小民歸業之意至是復刊示曉諭略曰先
因海寇陸梁遊䑸出沒不時抄掠爾等

皇上爲爾等身家計權移內地以避賊鋒今邀
皇上威靈蕩平海外殄孽未除允科臣奏請特遣大
臣勘明地界給還原主或有原主已亡無從查覔
者聽情愿墾荒之人量力承種緫俟三年起科
皇上愛民至仁爾等固當曲體卽爾等自今承佃之
後子孫世世享有先業關係亦復非輕爾等當聞
命嚮應勿有瞻顧示下萬衆驩呼繼以泣下因命
飛遞各屬務使周知次與諸臣定議勘界程途當

始于欽州之防城

按粵省介在荒服控帶峒獠而防海爲尤要秦命南海尉任囂築城瀧口此置戍之始也漢設交州刺史治南海唐置嶺南五管經略招討使宋以京官充嶺南道經略安撫使元置廣東道宣慰使司兵制損益代有不同明太祖洪武二年命平章廖永忠參政朱亮祖取廣東遂命亮祖鎮守建置衛所分布要害其沿海者曰潮州

衛轄大城蓬州海門靖海四所曰碣石衛轄甲子門捷勝海豐平海四所曰南海衛轄大鵬東莞二所曰廣海衛轄香山新會海蓢三所曰肇慶衛轄陽江所曰神電衛轄陽春雙魚寧川三所曰雷州衛轄石城錦囊海安海康樂民五所曰廉州衛轄永安欽州二所衛設指揮等官所設鎮撫千戶等官分領旗軍設屯田以贍之星羅戍守又多建墩烽一傳百應爲常山率然之

勢頗稱嚴整正統間因黃蕭養寇亂設總兵于蒼梧制兩省嘉靖間倭寇犯邊始專鎮于東粵又設雷廉叅將一駐雷州水營叅將駐南頭萬曆初又設惠潮叅將各一白鴿水營叅將一澗洲水營遊擊一柘林碣石虎頭門廣海北津白鴿六水營守備各一于是旗軍而外復有城守之民壯斥堠之表加以水哨之遊巡大將居中操臂指之權守綦密矣其防汛之境略分三路

高雷廉三郡斗入海中西界欽州控連交趾雜
處羅旁南面巨海綰轂瓊山而占城暹羅滿剌
諸番環匝于外蓋省會之西蔽也其地以神電
雷州廉州三衛十一所爲邊白鴿潿洲兩水營
游徼于外是爲西路廣州帶三江阻重海崖門
虎門夾峙左右屹爲莞鑰前山鼻門蕃舶所集
南頭控其東陽江介其西實全省之中權也其
地以肇慶廣海南海三衛六所爲邊虎頭門廣

海北津三營游儌于外而南頭一鎮總挈之是
爲中路惠潮二郡界連閩省漳舶通番道所必
經南澳介處兩省之間伏莽蟠互全恃兩府之
彈壓又省會東偏一要阸也其地以潮州碣石
兩衛八所爲邊柘林碣石兩水營游儌于外是
爲西路三路各統于本管之叅將而兼轄于兩
總戎瓊州孤懸海外自爲一鎮此明代設兵之
大較也　國初山海未靖順治七年特置兩藩

重兵駐守防海之籌視前加毖省會設提督潮州碣石高州各設總兵惠州雷州各設副將廉州設參將各縣衛所要地並設游守分防盡罷衛所旗軍屯租領于縣官兵皆隸于各協制度一變康熙元年副都統覺羅科爾坤奉

旨行定海疆自閩界之分水關西抵防城接于西粵畫界三千七百里界外戍兵移之內地于是大城甲子捷勝海朗海安海康永安樂民諸所柘林

黃岡潿洲諸游汛皆棄不守更于内隘分設汛防其餘邊界五里一墩十里一臺墩置五兵臺置六兵禁民外出情勢又復一變八年展界議以海邊爲界修復廢毀諸營聽民出田界外邊境稍拓然亦未能如舊至邊民之復業者尤寥寥僅見也今所守諸汛視八年所展之界又復不侔事經變亂文書散失不能詳定焉現設

欽州營遊擊一守備一千總三把總六國初兵額員

一千十三名

乾體營遊擊一守備一千總二把總四兵一千三百六十六名國初無續設

廉州府總兵一遊擊二守備二千總四把總八兵一千八百八十八名舊係參將康熙元年改總兵領本鎮兵一千潿洲兵一千加募兵一千共三千名今減

高州府石城營守備一千總三把總五國初兵額員四百名

雷州府副將一都司二守備二千總五把總八
國初額員兵一千四百名
徐聞營守備一千總一把總二國初額員兵三百名
海安營遊擊一守備一千總二把總四國初額員兵
一千名
白鴿寨守備一千總一把總二續設兵五百名
吳川營遊擊一守備一千總二把總四國初額員兵
八百四十名

高雷總兵一遊擊二守備二千總四把總八國初額員駐高州府兵一千八百九十一名

電白營遊擊一守備一千總二把總四國初額員兵八百四十名

肇慶府春江營副將一都司一守備二千總四把總八兵一千六百名國初無順治九年設陽高遊擊一員十一年西寇侵軼兵散十三年委官招復十七年郎攺為春江遊擊領兵一千康熙三年加兵五百攺叅將八年又加五百攺副將

那扶營守備一千總一把總二國初額員兵四百名

廣海寨遊擊一守備一千總二把總四兵九百

六名舊設叅將一員兵一千名加提標四百名康熙元年又加撫標六百名共二千名今

改減

新會營遊擊一守備一千總四把總六國初設兼防會

寧兵一千三百名

香山營副將一都司二守備二千總五把總十

兵二千名順治四年設前山寨官兵五百員名康熙元年加兵五百改設叅將駐防

縣城三年又加兵一千共二千名改設副將

順德營總兵一遊擊三守備三千總六把總十二兵三千名 順德舊不設兵康熙二年因周李二寇犯城而設十二年題定雖駐縣城兼轄南番香山各縣巡緝沿海

虎門寨副將一都司二守備二千總四把總十兵二千名 原設叅將一員兵一千名今改增

新安營遊擊一守備一千總二把總四兵七百八名 舊設守備一兵五百名康熙三年加五百名四年廣州左路總兵移鎮七年罷今改

減

惠州府副將一都司二守備二千總四把總八

國初額員兵一千五百名

碣石衛總兵一遊擊三守備三千總七把總十

國初額員兵三千名

惠來營遊擊一守備一千總三把總六國初額員兵

八百名

海門營守備一千總一把總二舊撥都司今改兵四百

名

潮陽營遊擊一守備一千總二把總四舊設副將一都司二今改兵一千名

達濠營副將一都司三守備三千總六把總十二兵三千名舊無因秋風角海寇丘鳳據達壕埠康熙十九年討平之添設

潮州府總兵一遊擊三守備三千總六把總十二國初額員兵二千四百九十五名

澄海營副將一都司二守備二千總四把總八

國初額員兵一千六百名
黃岡營副將一都司二守備二千總四把總八國初額員兵一千三百三十四名
凡爲營二十八兵若干名于中抽調一萬四百
七十六名分布緣邊諸汛候閱定因奉
旨查閱先粵後閩故自西界防城始迤邐而東焉
庚午至肇慶之崧臺驛督標副將張銳史孔筆都
司薛銓率叅遊等將甲士五千迎于道軍容甚盛

嵸臺危石孤聳高二百餘仞廣六十餘丈下有石室高可五丈容百人北向通明南有門可入左一竇持火入數十丈有龍井龍牀龍磨角石右一竇亦用火入數十步石窗穿漏光熒熒下射前有浦名高星旁連七星巖曲折列峙如北斗中爲石室巖東逾瀝湖半里爲屏風巖又一里爲閬風巖石室西半里爲天柱巖一里爲蟾蜍巖又一里爲仙掌巖西北二里爲阿坡巖延袤數十里瀝水環其

下讀唐李邕記有云疊花仰窒的皪瓊脂宋陶巽

記有云滴乳成柱凝藍作蓋寫石室之勝最眞自

此舍舟

甲戌偕同事諸公俱西

乙亥至新興

丙子過佛子嶺奇峰嵂兀登降頗煩止天堂

丁丑至陽春

戊寅渡潭瀝那思二河

己卯至太平
庚辰至雷白
辛巳行三十里至溫泉菴有兩池廣輪數尺冬夏
常熱居民用以給浣濯止三橋
壬午黎旦拜福建閩壟疏并移咨閩省將軍督撫
中陛辭時
天語也次高州戍卒士民迎候不絕于道訴訟如雲
有言兵丁佔民產者下所司廉問餘皆斥去　國

初高郡受兵最酷總戎官廨卽僞秦王藩府也堂
形如殿覆瓦悉用琉璃近始撤易加以祖逆盤踞
井里蕭條極矣
癸未高民失火燔燬廬舍六十餘區捐槖金十兩
助之過冼夫人祠
冼夫人祠在郡東門外史稱冼氏高涼人世爲
南越首領冼氏幼賢明曉兵略能拊循部衆每
勸親族行善信義結于本鄉海南歸附者十餘

峒羅州刺史馮融聞其名聘爲其子高凉太守
寶妻侯景叛梁廣州都督蕭勃徵兵援臺高州
刺史李遷仕據大皐口遣使召寶冼氏曰刺史
被召援臺乃稱有疾鑄兵聚衆而後喚君此必
反也且無往寶從之已而遷仕果反冼氏詐爲
輸賧伏甲攻遷仕敗之懷集百越數州晏然亡
何寶卒陳永定二年其子僕年九歲遣首領朝
于丹陽拜陽春郡守廣州刺史歐陽紇叛陳誘

僕與俱先氏曰吾矢忠貞迄今兩代豈敢輒負
國家發兵拒紇紇衆遂潰僕以功封信都侯加
平越中郎將石龍太守册先氏爲太夫人至德
中僕卒陳亡嶺南人奉先氏爲主隋高祖遣揔
管韋洸安撫嶺外幷遣人遺先氏書以先氏故
獻陳主扶南犀杖爲信先氏見杖集首領痛哭
遂迎洸未幾番禺人王仲宣反先氏遣其孫盎
討平之高祖拜盎高州刺史贈寶爲譙國公先

氏册譙國夫人開幕府置官屬皇后輟首飾賜之冼氏盛以金篋歲陳之以示子孫曰此忠孝之報也仁壽初卒贈誠敬夫人隋末盎保嶺南其下請正南越王號不許武德五年歸唐授上柱國高州總管封吳國公子智戴仕至左武衞將軍惟嶺南介在荒服不能北向而從兵車之會但謹守疆索爲天子保境土斯爲良牧矣冼氏系出峒族歸于將門當羣雄角逐之時處僻

遠孤危之境乃能尊朝廷惇信義見無禮于共主者則擊去之和其人民以待有德雖竇融錢俶何以加焉卒令馮氏安全延及五世一方蒙庇幾及百年以視夫沐猴冠帶妄覬非分殃民而卒以自亡者其得失豈可同日語哉南人德之飾祠表墓至今不絕有以也冼氏墓在舊縣盎墓或云在陽江東山下或云在電白馮家村馮家村又有盎宅手植桔椰子二株尚存

甲申止化州州署有兩橘實大如椽可以療疾庭有龍首石又有石在州後潛江中曰龍尾相傳龍首時有吼聲如鵞隋置石龍縣以此

乙酉過萘竹堂琉璃菴止石城縣夾道灌栵叢生蟲鳴似秋而行旅揮汗

丙戌渡龍灣河宿清平營

戊子至廉州

己丑閱乾體營登八字山望海復返廉州而西地

多濘淖昏黑不可舁輿騎行二十五里用土人爲導躑躅林箐中時時恍見獸鬼來攫人抵那暮塘宿

廉州至乾體十五里乾體至海四十里乾體村名屬合浦明地圖有乾體營兵防條不載蓋嘗有之而久廢矣元年界外八年疏中稱有乾體營不知何時設

庚寅行六十里渡平銀河止一小艓而渡者甚衆

爭先過重方半渡而舟沉溺者十餘人僕高大與焉鉤得已僵舁行三十里至欽州而復蘇吐白沫斗餘是日死者四人兩人屍不可得蓋爲蛟蜃所噬矣止欽州登天涯亭閱州治

辛卯石學士吳制院分閱龍門先別去予與李撫軍同詣防城登舟于鴻飛亭

欽州之水曰欽江在州治東源出洪牙山流經城東南以入于海州西三十里有漁洪江又十

里鳳凰山州東三十里平銀江出博莪山南一

百餘里防城江出仙隆山

天涯亭在州東門月城上

鴻飛亭在州東門遊魚洲上前知州林希元攺

東嶽廟爲之取子瞻鴻飛那復辨東西之句以

爲名羣山遠拱頗稱勝槩

辛卯舟行十里至尖山嶺又十里至石灘又三十

里出猫尾灣海口望亞公山黄陂門龍門七十二

逕皆在巨浸中歷歷可辨其東則牙山斗出海外循海而西十五里至青鳩口戍臺也故有守臺五卒虎噬其三二亦棄去臺隨圮矣又五里至長墩河口夾岸置砲臺無守者又行五十里至塥讀如崇淪塘自青鳩至此夾岓皆林木在山趾者多海欖潮至半浸水中在山顛者多鐵櫪色白而葉細壬辰曉起陸行萬木陰森猨啼不絕其音淒斷必以三聲爲度憶唐張說欽州詩有饑狖啼相聚哀

須喘更飛之句爲低徊久之十五里至防城守備郝炳麟擁馬首流涕不已相與愴然聞昔逃虛者見似人而喜茲以絶域而覩使華其悲喜失序無足怪也然窮邊遠戍之苦益可念矣河西山麓廢壘巋然舊防城也尚有民居五家以隔水難于策應遂徙今砦樹棘爲柵取具一時非久遠之規也舊城控制迤西必宜修復蓋昔以晝界故人蹤希濶今流亡盡歸魚鹽稠沓久之當成雄鎮也正南

十里爲水營又南九十里爲蓬羅臺西南四十里爲漁洲坪正西四十里爲三囊臺又西五十里爲如昔崗又西九十里爲嘶凛崗又西一百八十里爲古森崗卽分茅嶺也更西卽交趾矣西北爲王光十萬大山口正北接廣西上思州界上思之西卽交趾岐那隘防城正南江口有洲名曰三口浪土人謂浪一湧爲一口相傳馬伏波下營于此浪三湧連發三矢射之皆平遂成此洲巳刻復登舟

由長墩內河行六十里至涌口有戍兵向在長墩
因楊二亂徙此
欽州屬靈山一縣在州北內地止州治附海元
年畫界自防城歷大鹿山等境石梅山那狼山三中山平壁山
空朗山狐暮嶺西丫山石家山那鹿山過河墹
口嶺魚洪嶺方家村洪屋嶺望海嶺茶山嶺大
木嶺十二嶺望州峰版橋峰江標嶺三草嶺鷄
背嶺小路林邏嶺尖山嶺瓦竈嶺佛子嶺馬留
山織籬圍山封田山至高嶺盡大觀港為欽州邊邊界以
外距海四十里者為織籬圍村魚洪村三十里

者爲黄屋屯孔明村大值村二十五里者瓦竃村鷄窩村二十里者根竹村墟埠村舊關村胎暮村洞晩村十里者長山村有貴坑村埠頭村那畔村料連村及近海六七里以下至一二里若嶺脚村等　西寮村南沙村竹根海尾村犀牛角村大絲蘿村小竃村烏雷塘村平山村大竃村小榕涌村孔雀環村牧牛嶺村鷄墩村金鼓嘴石頭港鹿兒潭長墩關涌村白鷺村閒落村青鳩埠大頭村大小鄧村大蜆村開元村西蜆村那落村江那村佛子村小頭村埇茶村蕕寮村南港村芋蒙村白沙芓村秼砂港欄埇村欖埠村蓬羅村冬瓜墩牛路村山心

村魚洲坪白沙灣　皆移并三年續遷共豁田地
赤沙頭墰頭村
四百七十一頃有奇于埇口諸處因界設守八
年展界稍復舊邊今從欽州營撥守防城各汛
防城守備一兵一百八十名王光十萬山口二
十名小董汛把總一兵八十名三十六村汛把
總一兵四十名斵凛崗二十名如昔崗把總一
兵四十名三囊山口二十名漁洲坪五十名水
營二十名南港臺十名青鳩臺十名長墩河口
千總一兵四十名烏雷臺十名牙山臺十名牙
山港十名大觀港　候閱定
把總一兵四十名
按舊志地圖有防城而不列于鎮戍之數然邏

域條云南支地脉起于徼外入粵西思明上思二州叢起爲分茅嶺盡防城之曲折而南入靈山轉高凉至恩平發爲高雷廉瓊四府一州之境則防城一地實粵南之維首山川條有防城江注云其水自防城入于交阯永安河安南志載嘉靖二十年安南臣鄭松攻殺其主莫茂洽其族人莫敦讓來奔于防城蓋其來久矣兵衞條有黃土營注云舊防城營也在峙羅都交阯

界久廢萬曆間知州董延欽復建改名由是防城之名遂沒再考欽州之西控連交趾故有七峝曰時羅曰貼浪曰如昔曰澌凜曰羅浮一稱鑑山一稱金勒曰古森曰葛源一稱博是一稱丫葛今防城舊建時羅而如昔澌凜並在鎭守之列羅浮舊亦設營去防城百里則防城爲七峝故址無疑也峝主多黄姓相傳有青州人黄萬定者從馬新息征南有功留守邊境子孫世守七峝唐德宗貞元

十年峒賊黃少卿叛陷欽州元和間又有黃承慶黃少度黃昌瓘繼起裴行立陽旻討之不能定韓愈爲祭酒上黃家賊事宜狀即其子孫也元世祖時以峒主黃世華討賊有功授爲七峒長官至正二十二年峒主黃聖許反寇欽州時羅貼浪七峒人民亡散殆盡明初參政朱亮祖定廣東以七峒人民不多革其長官諸峒長以此懷怨宣德二年斷凛峒長黃金廣糾合時羅

峝長黃子嬌丫葛峝長黃建古森峝長黃寬舉四峝一十九村二百七十戶叛附安南黎氏官之爲經略使等官世襲以七峝地屬彼國之萬寧州正統五年巡按御史朱鑑或云何善奉璽書至峙羅都之灘凌山揭榜招金廣等不至至今其地名曰招遠山金廣死子進襲進死子無害襲無害死子伯銀襲爲奮略將軍經略僉事嘉靖十九年安南國主莫登庸納欵獻還四峝之地

丫葛羅浮收入如昔都澌凛古森收入貼浪都由是七峝并爲三都焉時羅峝主獨禤姓相傳有禤純旺者從馬新息南征有功留守欽邕二州爲時休峝長永樂時失其世官其孫禤貴成移守時羅明末交人猶喋喋以故土爲言

天朝威德遠屆方外順軌然峝界之民猶有輸地賦于安南納丁銀于本管者葢羈縻不絕所由來也永樂初平交阯收其地爲郡縣尚書黃福議

曰交阯萬寧縣接雲屯海口并連欽州最爲險要宜于欽州千戶所添軍立衞以備之英國公張輔復請設防城佛涌二水驛寧越涌淪二遞運所以通交阯之路因交南旋棄其議遂止嘉靖間廉州知府張岳言粵東入交之路自雷州冠頭嶺發舟順風一二日可抵交之海東府自欽州天涯亭猫尾港歷烏雷海白龍尾玉門山抵交之萬寧州度可七站葢時方用兵于交故

議者復及此也然則防城一戍不惟控制海島
抑且莞鑰屬國備書之以爲疆吏告焉
龍門江源出合浦之龍門嶺五十里有仙人橋
溪中突起一石儼若巨舟長四丈濶半之南岸
數石相連北岸石條橫架于上有巨人跡纍纍
然橋南兩石人夾侍稍東又一石橋旁有石佛
石船俗傳仙人撐石船引大廉小港北通石康
至此聞鷄聲乃止一名石鷄橋又五十里爲大

廉山經欽州南六十里兩崖夾峙形勢若門而水深百尋大魚登此即化成龍不得過者曝腮點額血流入水恒如丹池流經涌淪周墩而達交阯龍門之前有鷄籠嶺又有巨石淡水出焉名淡水灣門外羣山錯列海中所謂七十二逕也自欽州鴻飛亭十五里至佛子墩出海口又十里至黃陂門又十里過亞公山至龍門島中央平曠可立營砦爲泊船操兵之地周圍七十

二小山鱗次環繞每兩山中一沙逕水淺可通人行潮湧則舟入之故有七十二逕之名明世設蛋總一兵一百八名戰艦六常駐于此統于潿洲遊擊又于龍門江口之煙通嶺設營以相策應祖澤清叛時羣盜蜂起土人謝昌者據之爲暴欽廉之境昌敗其部下楊二代領其衆阻險爲窟官兵莫敢誰何協鎮蔡璋勒兵勦捕二力戰自午迄日中不退璋勢頗窘踞伏艅艎中

禱于天曰賊惡已稔天倘欲殲之以除民患願假我東風一帆拜未起東風驟作一軍驩呼因縱火焚賊舟俱盡二乘走舸逸入交阯龍門遂虛茲與吳公議復守之

蛋戶或作蜑戶廣南惠潮皆有之編蓬瀕水而居謂之水欄見水色則知有龍故又曰龍戶晉陶璜疏廣州南岸蠻蛋雜居昌黎詩馬人龍戶子瞻詩蠻煙蛋雨皆指此自唐以來計丁輸官明初

隸河泊所歲收漁課其人多姓麥濮吳蘇河古以南蠻爲蛇種觀蛋家神宮祀蛇可見廉州採珠多用之茲用爲戍長取其習知海事也欽州前世守禦可考者宋置三砦一曰鹿井砦在州西南控象鼻沙大水口入海通交州一曰三村砦在州東南控寶蛤灣海口東南轉雷州之遞角塲又欽州西南有六水口曰譚家曰黃標曰藏埔曰西陽曰大灣曰大亭皆置兵守之

古今地名不同未暇深考明設欽州所即在州治內而黃土即防城龍門二營其要地也又有平銀營即渡口也又有白皮營在白皮村今詢土人云白皮壜在牙山下牙山在州治東南九十里海中特起三山形如排牙故名萬曆三十六年因變亂嘗設營于此意即白皮營也西路又有羅浮營在防城外一百十里河洲村因道出彝界餽餉艱難又設思勒包沖二營于江平去

防城九十里尋廢考如昔峝在思勒村今如昔
戍蓋卽思勒罷營處羅浮山名原名安京山隋
嘗于此置安京縣唐廉州刺史甯純以其似惠
州之羅浮遂改名焉劉鋹得古劍于欽州羅浮
上有丁亥聖君識遂爲宋太宗嗣統之兆卽此
也澌坑營在烏雷嶺距州南一百五十里海濵
銅柱按黃佐舊志古蹟條在欽州西貼浪都古
森峝漢伏波將軍馬援旣平交阯立以表漢界

卷上

上有銘曰銅柱折交趾滅交人懼其折嘗投石以衛其趾曹學佺名勝志云分茅嶺有伏波銅柱在欽州西南二百里與交趾分界山頂生茅南北異向唐安南都護馬摠亦建二銅柱于漢故處以自明伏波之裔明宣德二年地陷交趾嘉靖二十一年莫登庸降順復歸版圖一說相合銅柱在欽地無疑矣然林邑志云馬援植二銅柱于象林晉地理志注云象林即林邑與西屠國分漢之

南疆隋書大業元年劉方敗林邑經馬援銅柱南唐書南蠻傳林邑南大浦有五銅柱馬援所植依此則銅柱又在林邑今據漢書武帝始立交趾日南九眞郡光武帝建武十六年交趾女子徵側徵貳叛十八年馬援軍至浪泊上與徵側等戰大破之十九年馬援討賊至九眞建銅柱于林邑界交趾平罷州牧設刺史漢交趾郡治在今安南富良江上九眞郡治即安南之清

華府林邑即今占城國也而銅柱又在其南其非欽州可知矣且援方當盛漢時交阯爲漢郡而文其柱曰交阯滅此何以解也或者還軍之日更作一柱以告交人若曰爲亂者既必及家族容或有之即若是亦爲誓誡之柱而非分疆矣新志云欽州之柱乃馬揔所立斯爲近理蓋此時交人漸不內附也至于茅靡隨斜阪之勢無足爲異當由丁部領之屬創爲此說以愚其

部人耳項斯詩云傾得賣珠錢還歸銅柱邊看
兒調小象打鼓試新船醉後眠神樹耕時語瘴
煙不逢寒便老相問不知年蓋亦指馬援柱也
甲午陸行十里過楓門嶺又二十里至欽州峻阪
斗絕舍輿而徒會大雨困甚
乙未行三十里再渡平銀令懲前失多縛筏以待
坦然安流無復戒心又六十里至那暮
丙申行六十里至烏家汛自欽至此皆山險更前

悉平坦矣又四十里止廉州登海角亭

二月丁酉朔行四十里至上窖又三十里至白龍城明時採珠内監所駐也有城四門内官署及巡道署廢址猶存于城之東隅皆蕩爲墟莽城亦傾壞是夕宿于野四無人居張幄以寢夜分有物至帳外勃窣作聲披帷視之龎然巨虎也方睨櫪止騾騾未覺圈豕先見之驚啼躍出虎齧之而去

丙戌行三十里至兵辨村又十里至珠塲寨明時

設兵以防珠盜者也偕李撫軍張正郎列坐海岸
望海外雲山重疊如畫西即白龍城東為調埠寨
又東稍南為永安所而雷州又在其東舒雁行列
一覽可盡塘兵獻鱟魚雌雄各一十二足色青黑
眼在背上尸在腹下
按鱟魚雌嘗負雄獲雄則得雌雌或脫去亦終
就斃矣吳都賦謂之乘鱟是也尾銳而長觸之
能螫刺人在海遇風則舉尾扇之俗呼鱟帆陸

佃埤雅覘鴟創桅觀鱟擘帆是也韓退之南食
詩鱟實如惠文骨眼相負行蓋謂鱟實圓細如
惠文冠所綴珠然也其血蔚藍實可以醢介可
以杓
又北行五十里止白水塘荔枝龍目夾道羅生扶
疎可愛
己亥行二十里至白沙塘爲廣西博白縣界蓋兩
粤地形牙錯廉欽之北皆粤西也又行三十里止

新墟

廉州府屬州一曰欽州縣一曰合浦背附海元年畫界自大觀港東歷高坡等境大樹根蕉子山白沙岡大石屯村到滿村乾體村北風岡武刀寨長岐山村白龍寨羅九塘三塘西村秋風塘社內村茅山塘榕根河大廉下山白石岡（入小路）香草岡山路村轆轤村丹兜村永安所山埔村西山村山口村至新墟爲合浦邊邊界以外入海四十里者曰三馬寮村白屋小村冠田村三十五里者顧屋村鴉頭村下白泥屯大山村三十里者鐵

屎嶺高峰崗大崗高範村多養村埇頭村大王山石板江三墩大脚鑪村石屋村埤頭村黃泥埇鹽田村施屋村西篤村二十五里者栗木村黃糯田濃囊村二十里者武䭾村船尾寮橋梁山田寮村厥塘村崩塘村近埤村楊屋村多顏村沙尾堆下尾寮白沙水村大橋村獨江村箔寮村沈家村梁家村蘇家村田寮大埠村十五里者麗村地羅村寧海村三家村關井村王屋

塘村龍田村新村力士村那角村十里者許屋
村馬欄村英羅村需公田葛麻山低崗村譚村
羅茅根村彬伴村囊村獨峰嶺舊塲村龍潭村
麗家村十馬村翁屋村西鹽塲上那隆村黃鏡
村觀井村對達村暨附海八九里至三四里南
樂村等那壇村水流村大融村謝家村濱地村
瓊山村鵝洗村那格村山心村端竿村
竹根村北班村隴村黃桁村賓逢村南冲村仙
口村東江村白沙塘村蛋屋村泉水村竹林村
施家村田頭村西村下塘村冠頭嶺小嶺村吉
車村高德村平洋村軍屯村東梁村田頭村西

梁村山寮村井村何屋村及海中之㵎洲皆移并續遷共豁
田地壹千九十八頃有奇于大觀港諸處因界
設守展界稍復今從乾體營撥守三汎各汎三汎
港把總一兵一百名西江口把總一兵二百名
八字山千總一兵一百名雙墳汎把總一兵一
百名高德千總一兵一百名冠頭嶺十名武刀
港十名白龍港二十名珠場港二十名川江港
二十名榕根二十名英
羅港把總一兵二百名又于廉州營撥守二汎
永安所把總一兵七十名
鬧口把總一兵三十名候閱定
永安所城在合浦縣海岸鄉舊在石康縣安仁

里今廢洪武二十七年始遷永樂十年建城城周四百六十一丈成化五年僉事林錦鑿外池置串樓四百一十五四門敵樓各八故設遊擊府于永安所萬曆十八年移于潿洲風毀仍復舊署而以潿洲爲汛地

廉州衞在府治

珠池舊志云一稱珠母海相傳有七曰靑鶯曰斷望曰楊梅曰烏坭曰白沙曰平江曰海渚俱

在冠頭嶺外大海中上下相去約一百八十三里前巡撫陳大科曰白沙海渚二池地圖不載止楊梅等五池又有對樂一池在雷州共六池予訪之土人楊梅池在白龍城之正南少西即青鶯池平江池在珠塲寨前烏坭池在冠頭嶺外斷望池在永安所珠出平江者爲佳烏坭爲下亦不知所謂白沙海渚二池也舊志又載有珠塲守池巡司及烏兎凌禄等十七寨而不著

其所自始白龍城亦不載于城池條但言欽廉
土不宜穀民用採珠爲生自古以然商賈齎米
易珠官司欲得者從商市之而已漢順帝時桂
陽太守文礱獻大珠詔却之足知其非常貢至
孫吳黄武間改合浦爲珠官郡始有官領採辦
之事然權非侈靡之主史稱其時魏主來求雀
頭香明珠翡翠鬬鴨長鳴鷄權曰彼所求者於
我瓦石耳悉以與之已而魏使又來請以馬易

珠璣瑇瑁權曰此皆孤所不用而可得馬何苦而不聽其交易由是多取以應之其意蓋欲以權變弊敵國如范蠡驕吳故事然厲民已甚難免作俑之譏矣晉平吳交州刺史陶璜請弛其禁民困始蘇自宋迄隋未嘗復設唐雖以珠池名縣官不採取但以利民至僞漢劉鋹始設媚川都于海門鎮募兵能採珠者二千人以索繫石沒水而取之深至五百尺死者甚衆宋開寶

五年王師擒鋹罷之元延祐間置採金銀珠子都提舉司于廣東明洪武初罷永樂洪熙屢飭弛禁罷採至天順四年有鎮守珠池內使譚記奏廉州知府李遜縱部民竊珠下遜詔獄遜亦訐記擅殺人奪取民財諸狀上命并逮記鞫問具伏遂錮記而復遜官蓋內臣之遣自龍之署始于此時後遂相沿不廢官旣厲禁小民失業往往去而爲盜或乘大艦厲兵刃聚衆以私採

官法不能禁于是有十七寨之設環海駐兵以守乃守益密而盜益多官兵反藉以爲市其後賊大起如紅頭沙鍋之屬與官兵相格殺前後不可勝計而官採率十數年一舉行餘年皆封池禁斷蓋蚌胎必十餘年而後盈頻取之則細嫩不堪用故也自天順後弘治一採正德一採嘉靖初首尾七載而三遣使得珠遂少至于開採之歲必官治巨艦千餘發重兵以虞變又多

發瀕海丁男十數萬人以備爬螺之用舟入大
洋輒以風敗民避役如往棄市所需蓬廠兜羅
刀鍪之屬官私勞費不貲而所得甚微不償所
費于是撫臣林富疏請罷免許之嘉靖十年富
復請撤回內臣略曰合浦縣楊梅青鶯二池海
康縣樂民一池俱產蚌珠設有內臣二員看守
後樂民之池所產稀少裁革不守止守合浦二
池計內臣所用兵役每歲共費千金約十年一

採已費萬金而得珠不直數千金亦安用此請
撤之而兼領于海北道疏上太司馬李承勛力
持之又得永嘉張文忠公爲之主內臣遂撤萬
曆間復詔採珠用撫臣陳大科之言而罷其時
奉行者尤無狀珠船樹內臣旗幟橫行村落鷄
犬靡遺至有姦汚婦女者已乃揚帆竟去莫可
究詰按臣李時華欲編船甲以禁之益可怪也
按國語珠可以禦火災則貴之而車旗章服不

用珠璣爲飾禹貢淮夷蠙珠伊尹正四方獻正
南珠璣瑇瑁成周王會東越貢蚌蛤亦惟是官
受方物以示王化所及無遠勿屆而已安有竭
天地之藏專小民之利以充下陳之玩好而可
以爲國政之常耶至于中璫銜命爲禍尤烈崇
禎朝用于邊境馴以致亂又不獨珠池爲然也
聖代龍興不寶異物恭儉之德軼于前古可爲萬世
法云

南越志珠有九品一邊水平似覆釜者曰璫珠其次爲走珠又次爲滑珠又次爲官兩珠又次爲稅珠又次爲芬荇珠南方草木狀凡採珠常以三月必祈禱而往否則風攪海或大魚在蚌左右菽園雜記蜑人採珠以大船環池石懸大絙別用小繩繫諸蜑腰沒水拾蚌置竹藍中撼絙則舶人汲取蜑緣大絙上不幸遇惡魚血一縷浮水面已飽魚腹矣陳大科曰冠頭嶺蛟龍

水怪之所窟腰絙探珠者多不返故池名曰斷望珠產于澄潭深淵人跡不至之處古所謂水圓折則多珠是也近沙淺水蚌多空殼每剖一二斗所得不過如粟小珠數十粒而已今法木柱板口兩角墜石用山麻繩絞作兜如囊狀謂之螺筐繫船兩旁乘風行舟兜重則蚌滿矣此法較沒取為便予詢土人云每大風起蚌浮沙面探之甚易惟無風時蚌在池中須人取之此

蓋村民無知之說卽大科所謂淺水如粟之珠也今蚌殼狼藉水涯形三角廣不盈寸蓋皆村民所剖云

嶺表錄異云廉州邊海有洲島島上有大池謂之珠池每歲刺史監珠戶採珠以貢人疑池底與海通池水乃淡此不可測熊太古冀越錄云嘗見蛋人入海取得珠子樹數擔其樹狀如柳枝蚌生于樹不可上下樹生于石蛋人鑿石取

之右二說志所無見本草綱目格古論云蚌聞
雷則痳瘦其孕珠如懷孕故曰珠胎中秋無月
則蚌無胎左思賦云蚌蛤珠胎與月盈虧
水經注牢水出交州合浦郡郡不産穀多採珠
寶前政煩苛珠徙交阯會稽孟伯周爲守有惠
化去珠復還蓋珠池實有異晉咸安間合浦人
採珠得佛光燄先是丹陽尹高悝行張侯橋浦
得金阿育王像無趺座與光燄經一歲臨海漁

人得趺座于海日至是復得光燄三相會合宛然如一蓋三十年矣後有西域僧五人詣悝言昔造像送鄰遇亂埋河邊不意乃在此因拜伏流涕是夕像放光燭殿宇土人云珠海嘗有光有珠母老蚌也偶入網中其船必覆嘉靖中以中官擾害對樂一池全徙楊三亂時羣蚌夜飛空中的皪如星盡入交阯界云

潿洲在海中去遂溪西南海程可二百里新志云在

郡城東南十里誤周七十里或曰百里內有八村人多田少皆以賈海爲生昔有野馬渡此亦名馬渡有石室如鼓形榴木杖倚著石壁採珠人嘗致祭焉古名大蓬萊有温泉黑泥可浣衣使白如雪前爲蛇洋洲周四十里上有蛇洋山亦名小蓬萊遠望如蛇走故名二洲之上各有山阜縹緲煙波閒可望不可登其間居民因珠盜充斥盡徙內地萬曆初移廣海遊擊將戰艦三十以戍之

十四年有倭遊擊者憚其險遠請分所將戰艦爲二自統其半駐永安餘使其屬統之守濱涯雷州府同知徐學周建議駁之曰將心也卒手足也謂心與手足可異處乎潿洲絕險故不可撤備濱涯密邇珠池彼所以求駐者意在盜珠耳議上倭遊擊之請格不行十七年定設潿洲遊擊一員兵一千六百六名戰船四十九分五哨駐守十八年治遊擊署于潿洲尋爲風毀二

十年卒徙禾安而以潿洲爲信地自海安所歷白鴿海門樂民乾體至龍門港皆其遊哨所及也三十六年倭船二百寇欽州有潿洲中軍祝國泰者餘姚人起家武進士方戍龍門率百戶孔榕迎敵力戰死立廟洲上以祀遷界時地久虛今不開

庚子行五十里至青平營又六十里至龍灣一名龍頭沙石城令白玠云龍頭沙乃石城西南境與

合浦之末安所相望二地皆嬴出海外而龍頭稍縮東邨在其右三墩烏兎在其左若急水砲臺乃因內河通海而設非邊地也

高雷二郡地如舌吐海中雷屬之徐聞縣最在南舌端也稍北爲雷州府治而海康附郭又北爲遂溪縣二縣之地皆橫貫乎二垂綿亘一百六十里西抵廉海東抵廣海舌之腰也遂溪又北爲高州府其地亦貫二垂如舌之本所屬石

城爲西境抵廉海吳川電白爲東境抵廣海故
畫界之序合浦之後繼以石城爲高之西境又
次遂溪又次海康爲二縣之西境又次徐聞而
徐聞之後又繼以海康遂溪爲二縣之東境而
吳川電白又繼之焉元年畫界自新墟而東歷
樟木岡等境高橋岡鷄公嶺竹山仔村那里坡深田崗博教岡急水村過河賠鋪
村麻水村北坑至赤泠營屬遂溪本境之接壤也後倣此爲石城邊邊
界以外距海二十里者爲深田村十五里者長

坡村石狗村十里者竹頭田下嶺村及附海八里至三里松明祿地村等馬埇村三墩村窯頭村博敎村下洋村東村那腮村凌祿村官寨村皆移并續遷共豁田地二百五十二頃有奇于急水河口諸處因界設守展界稍復今從石城營撥守急水諸汎急水砲臺千總一兵四十六名東村臺十名龍頭沙十名烏兎臺十名三墩臺十名候閱定

石城所在邑治

辛丑行七十里抵遂溪雷州遊擊李嗣爲曰雷州

形勢白鴿寨東接硇讀曰橈洲大洋為東偏之門戶樂民所西接廉州大洋與永安所相望西偏之門戶也而海康諸所在其內

壬寅行七十里入城月驛其地山圍四面中抵處如月故以名地蒸濕多穢氣必爇香以亂其臭因讀白樂天送客遊嶺南詩有云蓊鬱三光晦溫暾四氣勻陰晴變寒暑昏曉錯星辰又云不凍貪泉暖無霜毒草春雲烟蟒蛇氣刀劍鱷魚鱗眞實錄

也李忠定于此別僧琮嘗作詩贈之
癸卯次雷州府署
甲辰恭遇
太皇太后萬壽節卽行館率諸臣行慶賀禮
乙巳從間道西南行一百里至扶茂村仄徑嶇嶔
人烟寥絶
丙午從榛棘中行四十里抵家山遇六麋射得其
一以充午膳家山者雷西南之要扼也其下有流

沙港由西海入岸南爲青桐徐聞所轄也岸北爲流沙海康所轄也今爲兩砲臺綰轂其口登山而望正西有小山青石嶙峋房參嶺也西北有城雉堞參差海康所也大海之西烟雲杳靄中防城在焉流沙青桐相去八里別有鵞脰港在青桐臺下青桐南十里爲石馬臺八燈港出其下又南二十里爲白盤臺東墕港出其下又南二十里漸折而東爲包西港新地灣東墕臺在其內此雷州之西

南隅也自流沙以北二十里爲英錫臺又十里爲總堠墩又十五里爲房黎臺房黎港出其下又北二十里爲徒房墩又二十里爲郎斗墩又二十里爲吳蓬墩海康港出其下又北三十里爲博袍墩又十里爲洪排臺洪排營在其內距海康所四十里又北二十里爲調建墩屬樂民所更北歷羊蹄臺下落港爲文體港東距遂溪縣八十里自文體臺更北即接石城矣諸港惟流沙港最深廣長七

十里其欠海康港長三十里皆可泊舟是夕仍返
扶茂宿
元年畫界自赤冷營歷文體上坡等境八山下坡河頭營新屯村助龍坡浩發坡調流坡墟坡北坡平湖坡坎頭坡調樓坡田濟坡田頭坡山裏坡西坡後湖頭東坡英龍後坡林邊塘後坡上羅西坡錦前坡新安坡至蔣家後坡
爲遂溪西邊邊界以外距海十二里者石井村
乾畱村大墩村十里者官長村石頭坑村文體
上下村合斜村曲阨村同繩村及附海八里至

一里塘飯村等周家村羊蹄埠村調樓村甘綱
村欖贊村邁特村傅處村草潭
村譚神村坑尾村坎頭村抱金村卜裏村調神
村小子村邦那村林顯村墩民村禊郎村埠頭
村北竈村調
流村黎村
暨樂民所皆移自蔣家後坡歷土
樂坡等境田西後坡山內坡英函坡北懷坡至
溫堂嶺栁杷坡北和坡烏坎坡
那渡邊爲海康西邊邊界以外距海十五里者
爲英風村十里者那靈村娘麓村賞村草錯村
金竹村麻亭村長欖村烟樓村油河村栁杷村
及附海八里至二三里西山村等譚斗村英嶺
村鹽竈村調

黎村藤蘿村陳家村博袍村房叅村長洋村周
家村白墓村蘇惡村北合大馮村洪排村調候
村內郎村郎斗村陳
鐵村田銀村傍盤村
暨海康所皆移
二縣頃于
畝見後
海康青桐二河口因界設守展界稍復今從雷
州營撥守樂民海康諸汛
樂民所守備一千總
一兵八十七名對樂
墩五名田頭墩五名調神臺五名牛寮墩五名
博里墩五名抱金墩五名官塲臺五名調建臺
五名調建墩五名博袍墩五名海康所千總一
兵五十名吳蓬墩五名郎斗墩五名徒房墩五
名房叅臺五名總埃墩五名英嶺臺五名青桐
臺十三名流沙臺千總一兵三十名文體臺把
總一兵三十二名羊脚臺
十一名下落臺十六名
侯閱定

粵閩巡視紀略　卷上　三

海康所在海康縣九都灣蓬村樂民所在遂溪
縣八都蠶村皆洪武二十七年安陸侯吳傑築
按沿海設立衞所之議始于花茂茂巢縣人洪
武初勦平廣東諸徭蠻有功陞都指揮同知上
言廣屬逋逃蛋戶附居海島遇官軍則稱捕魚
遇番賊則同爲寇請徙其人爲兵庶革前患又
奏添設沿海依山碙石等二十四衞所城池收
集海民隱料無藉爲軍仍於要害山口海汊立

堡撥軍屯守皆從之茂以洪武三十年卒于鎮
命其子英護柩還京賜葬安德門外建祠于牛
首山
是日張正郎奉委閱樂民所回言樂民所距海十
里距府治一百二十里西有樂民港海口廣二三
里可泊大船其地有沙洲城登之可見大海稍南
三十里調神灣又南三十里博里港可泊船又南
三十里官塲港船嘗于此避風

雷州衛在府治

橫山堡在遂溪西北八十里今不設守有橫山江流出廣西經樂民所

調樓山枕海高十丈產榛木可療饑因五色雲見若樓臺故名地圖樂民所有調樓營在遷界外志言在遂溪東北一百二十里誤當作西北

博袍水出博袍山山高五十丈相傳有神光射天在海康西十里有墩

遂傍水流通東渡入擊雷水因旁有徑路故名
訛爲徒房
英嶺臺或作英翎疑卽英靈村也相傳陳大建
間雷出于此英靈顯異故名
邵洲在海康西南一百十里海中民多邵姓似久
廢
卵洲在海西南海中鳥多伏卵于上船過或取
卵其鳥千萬飛隨十里始返

丁未返雷治訪城西羅湖十賢堂故蹟羅湖一名西湖堂在其上即寇萊公祠之後爲宋咸淳九年郡守虞應龍建文信國爲之記云寇萊公準以司戶至丁晉公謂以崖州司戶至學士蘇軾正字任伯雨以渡海至門下侍郎蘇轍以散官至秦觀以蘇門下至樞密王巖叟雖未嘗至而追授別駕猶之至也未幾章惇亦至其後丞相趙鼎李綱參政李光編脩胡銓皆由

是之瓊之萬之儋之崖邪正勝負世道與之爲軒輊虞侯來黜丁氏章氏而列萊公以至澹菴凡十賢爲此堂按準少夢至海濱作詩有到海只十里過山幾萬重之句及至雷閱地圖見郡東門抵海崖果十里始大驚嘆以爲得喪非偶然今雙溪臺海口即其處也又有瑞星池以準所居常有星墜而得名有萊泉以準常飲英靈村水而甘之故名軾轍兄弟同時貶謫相遇于

藤渡海作詩相示轍生日軾以海南黃子杖貽之作詩云靈壽扶孔光菊潭飲伯始雖云閑草木豈樂蒙此恥一時偶收用千載相瘢痕海南無佳植野果名黃子堅瘦多節目天材任操倚嗟我始剪裁世用或緣此貴從老夫手任配先生几相從歸故山不媿仙人杞風骨矯矯至今芬人齒頰也乃準爲丁謂所擠而謂亦尋至家人競欲報讐準不能禁惟令縱飲博以須其過

謂得以僅免轍見貶時章惇勅雷部無敢舍流人賴郡人吳國鑑者爲之居停後惇至雷人以前令語之惇俯仰慙恨至誦商鞅之語以自咎二事差足快也前乎十賢有李北海邕李贊皇德裕皆人傑至萬曆間予鄉人沈公思孝以比部郎抗論張居正奪情謫神電而莆田戴公士衡以給事請建儲忤旨謫合浦兩公貶所皆接壤好事者能陳蕉荔之奠而躋之座末當必爲

文山所許也而宋世又有蔡攸馬自强可以追
配丁章并志之以佐一噱
石學士吳制院至自瓊州會于雷館石學士曰自
海安所渡海八十里即抵瓊之海口所距府治十
里瓊城周八里東西南皆有門北無門各鎮兵衛
甚設飲蘇學士所濾浮粟泉而還歸遇暴風幾困
一大魚長數十丈昂首張鬣迎船來口吐黑霧半
天爲昏十里外猶見之

按彝堅志趙鼎貶珠崖桂帥張淵遣使致饋自雷州浮海風力甚勁顧見海濤中紅旗相逐而下使者疑爲海寇舟人搖手令勿語急入舟被髮持刃出篷背立割其股血滴水中凡經二時乃相賀曰更生因言此巨鰌也紅旗者鰌鬐耳然則學士所見猶海族之小者子瞻從徐聞渡海亦由此道賦詩有九死南荒吾不恨茲遊奇絶冠平生之句

石學士吳制院之自瓊而返也即閻徐聞錦囊云徐聞在雷州正南一百八十里自徐聞東南行二十里爲海安所下有港行十里出港口即大洋又東爲錦囊所城東有港小舟行十里出大洋有新芋島此港又可通通明白鴿寨

元年畫界自那渡邊歷新地墩等境麻豐墩麻鞋墩討網墩三墩齋崙墩踏磊墩海安港小水橋白沙田博平村博沙嶺調黎坡博蠟堠殿蘆邊縣南門牛牯嶺崙頭村山園橋錦囊所赤嶺南陳坡崙塘坡墓前嶺田心洋至牛克墓爲

徐聞邊邊界以外諸村村名缺及海安所新芀島俱移并續遷共豁田地一千一百一十一頃有奇于錦囊海安諸口因界設守展界稍復今從徐聞營撥守討網諸汛討網十名東場臺千總一兵三十名白盤臺十名石馬臺十名海安營撥守三墩諸汛三墩五十一名那黃墩五名西卯墩五名齋崙墩五名踏磊墩五名博漲墩五名紅坎墩五名白沙墩五十一名青灣墩五名雷州營撥守錦囊諸汛錦囊所守備一把總一兵一百名博平五名博睞臺把總一兵二十名博臙墩五名鹽井臺五名調黎臺十名黃塘墩五名牛牯臺十名石頭

墩五名調嶺臺五名大臨墩五名赤尾墩五名臨沈墩五名候閲定

海安所在博漲村錦囊所在二十八都新安村俱洪武二十七年吳傑築城錦囊之名不知所始方輿勝覽載上庠錄云寇準貶雷州帝賜手勑丁謂屬中使以錦囊貯劍欲讋準使自裁準方在驛從容曰天子賜大臣死願見詔書即脫從事綠衫以迎詔中使之詐遂窮疑因此以錦囊名其地而所名因之海安所天順間常爲邑

治弘治間復舊

討網村宋爲邑治元至正二十八年遷于賓朴卽今治

冠頭嶺縣東南三十里遠望如冠廉州又有冠頭嶺此則張岳所云海道可通交趾者踏磊有觀濤嶺周一里登之可望渡口

石馬井在縣東五里相傳有馬食田禾追之入井中但見有石如馬遂號石馬井一村藉以溉

用

三墩在城南二十里突起海中號小蓬山中墩有古樹甚怪下有龍王廟禱雨者詣之前有穴名龍泉取得淡水則雨立至由此渡海四百餘里乃至瓊州海隅有千步香葉似杜若而紅碧間雜佩之聞十數里故名海中有鷄子魚肉翅無鱗尾尖而長有風濤則乘風飛于海上又有天牛魚方圓三尺眼大如斗在髀口在脇中露

齒無唇肉角如臂兩翼長六尺尾長五尺能上岸與牛鬬角軟還入海中堅則復出又有海境亦名海月土人呼爲膏藥兩斤合以成形殼瑩滑如雲母內有小肉腹中蟹子小頭黃螯時出覔食蟹飽亦飽或迫以火蟹出海鏡立斃或生剖之蟹子尚活逡巡亦斃卽海賦所云瑣蛣腹蟹也

青灣港在城東南三十里宋韓琦曾孫貶瓊南

携三子畱二子家于白沙後葬青灣七世孫顯
甫刋戒子詩于墓側
新苧島在錦囊所港外中有村落七八處民戶
三百餘長三十餘里廣五里近岸狹處可一里
按志載漉洲崛起海中周五十餘里田地腴美
盛產荷花博袍西流入海經于洲南疑卽此島
也
雷州東門邪徑三十里渡通明河至白鴿寨寨有

城周二里雷郡東北隅門戶也東海島在其東自寨而南十里爲北家港又南十里有舊砲臺距海一里許又南十里爲雙溪砲臺距海五里許而雙溪營又在其內十五里自雙溪臺又南二十里爲溪泊港又二十里爲淡水港又二十里爲調嶺港又十里爲吳家港又十里即錦囊所矣自寨而北十里爲北品港又二十里爲庫竹港又二十里爲舊縣遂溪故治所也又北十里爲北月港又北十

里爲海頭砲臺接吳川境矣諸港惟雙溪最近府治港口又向大洋然淤淺不可泊舟獨通明一港可泊大舟而白鴿據其口遂爲重鎭焉

元年畫界自牛克墓歷淡陽坡（那黃坡麻黃橋調風坡那奇村乾塘村橋頭村那頭坡下塘坡那博嶺高牛山溪東村蕭家村黎陳村下嵐村）至東洋村爲海康東邊邊界以外附海八里以至三四里東山村等（下塘村高牛村調陳村溪打村／符村丁村北昌村那頭尾村）俱移合東西兩境并續遷共豁田地一千二百八

十五頃有奇自東洋村歷仙鳳村等境通明村白鴿寨苧村小橋村臨海村那涼村南柳村下山村至麻斜渡爲遂溪東邊邊界以外東海島俱移合東西兩境并續遷共豁田地三千二百六十九頃有奇于麻斜河口諸處因界設守展界稍復今從雷州營撥守吳家諸汛吳家墩五名吳家臺十名淡水臺把總一兵三十名調陳墩五名烏石墩五名東鄉墩五名舊縣臺十五名北月臺十名海頭砲臺把總一兵三十名白鴿營撥守雙溪諸汛雙溪臺把總兵五十七名寨砲臺兵十七名庫竹臺二十四名苧

村墩五名侯閱定

白鴿門明設把總一兵八百四十六名兵船二十八自赤水港接北津歷限門沙頭洋至海安所止與潿洲信地相接

舊縣東五里峯輪埠有石枕于海岸長五尺濶三尺宋嘉定九年天大雷雨龍降其地爪痕在石如鑿土人謂之龍爬石泉于石上湧出旋爲潭禱雨輙驗

東海島在遂溪東自北家港至舊縣長七十里廣二十里或三十里與縣治雖隔海僅若一河有南北二渡南郎白鴿相距十里許潮退不過五六里北在舊縣水益狹不過二三里許其地宜稻且饒魚鹽居民稠密有西坡村大藺村大村奄里村那惱村調產村齋頭村鬱律村鹽爐村厚皮山村德老村巖頭村坡裏村龍騰上村龍騰下村調屋村調東村青藍村東山村調倫

村調朗村邁望村吳處村麻坦村北山村調市
村安寧村調羅村十二埔村遂溪東界及海而
止止遷島民而內地不及亍至白鴿遷民纍纍
擁馬首泣訴求復故業亍以
上諭遍告之皆踴躍去志有思陵島在郡城東十里
海中其上多米豆枝葉如楊柳疑卽是
東頭山又東海之傍島也有調琴村後山村金
家村官寮上下村祿遐村西園村調第村暗祿

村調舊村瑯琊村山頭村內林村三岔村
蔚律嶺志稱在海康東百里葢即東海島中之
蔚律村也盡海處屹起十餘仞爲東方巨鎮舟
船自廣囘至汾州洋先見此嶺以爲指歸
調鷄門周圍一百五里隔硇洲僅一水地勢奔
趨赴海如鷄展翅故名